MW01435034

Enfermeros

Julie Murray

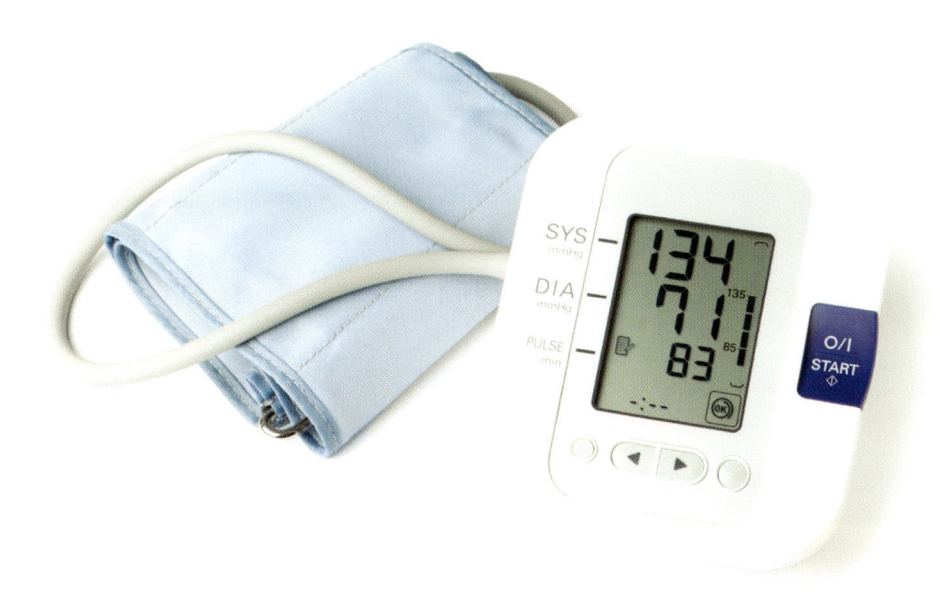

Abdo Kids Junior es una
subdivisión de Abdo Kids
abdobooks.com

Abdo
TRABAJOS EN MI
COMUNIDAD
Kids

abdobooks.com

Published by Abdo Kids, a division of ABDO, P.O. Box 398166, Minneapolis, Minnesota 55439. Copyright © 2023 by Abdo Consulting Group, Inc. International copyrights reserved in all countries. No part of this book may be reproduced in any form without written permission from the publisher. Abdo Kids Junior™ is a trademark and logo of Abdo Kids.

Printed in the United States of America, North Mankato, Minnesota.

092022

052022

THIS BOOK CONTAINS RECYCLED MATERIALS

Spanish Translator: Maria Puchol

Photo Credits: iStock, Shutterstock

Production Contributors: Teddy Borth, Jennie Forsberg, Grace Hansen

Design Contributors: Candice Keimig, Dorothy Toth

Library of Congress Control Number: 2021951629

Publisher's Cataloging-in-Publication Data

Names: Murray, Julie, author.

Title: Enfermeros/ by Julie Murray.

Other title: Nurses. Spanish

Description: Minneapolis, Minnesota: Abdo Kids, 2023. | Series: Trabajos en mi comunidad

Identifiers: ISBN 9781098263263 (lib.bdg.) | ISBN 9781644948675 (pbk.) | ISBN 9781098263829

33614083035609

ire. | Medical personnel--Juvenile literature. | Community life--Juvenile literature. | Occupations--Juvenile literature. | Cities and towns--Juvenile literature. | Spanish language materials--Juvenile literature.

Classification: DDC 610.73--dc23

Contenido

Enfermeros 4

Los instrumentos médicos del enfermero 22

Glosario 23

Índice 24

Código Abdo Kids . . .24

Enfermeros

Los enfermeros ayudan a la gente. Cuidan de los enfermos.

5

Atienden a los **heridos**.

Sam le venda el brazo a Jill.

7

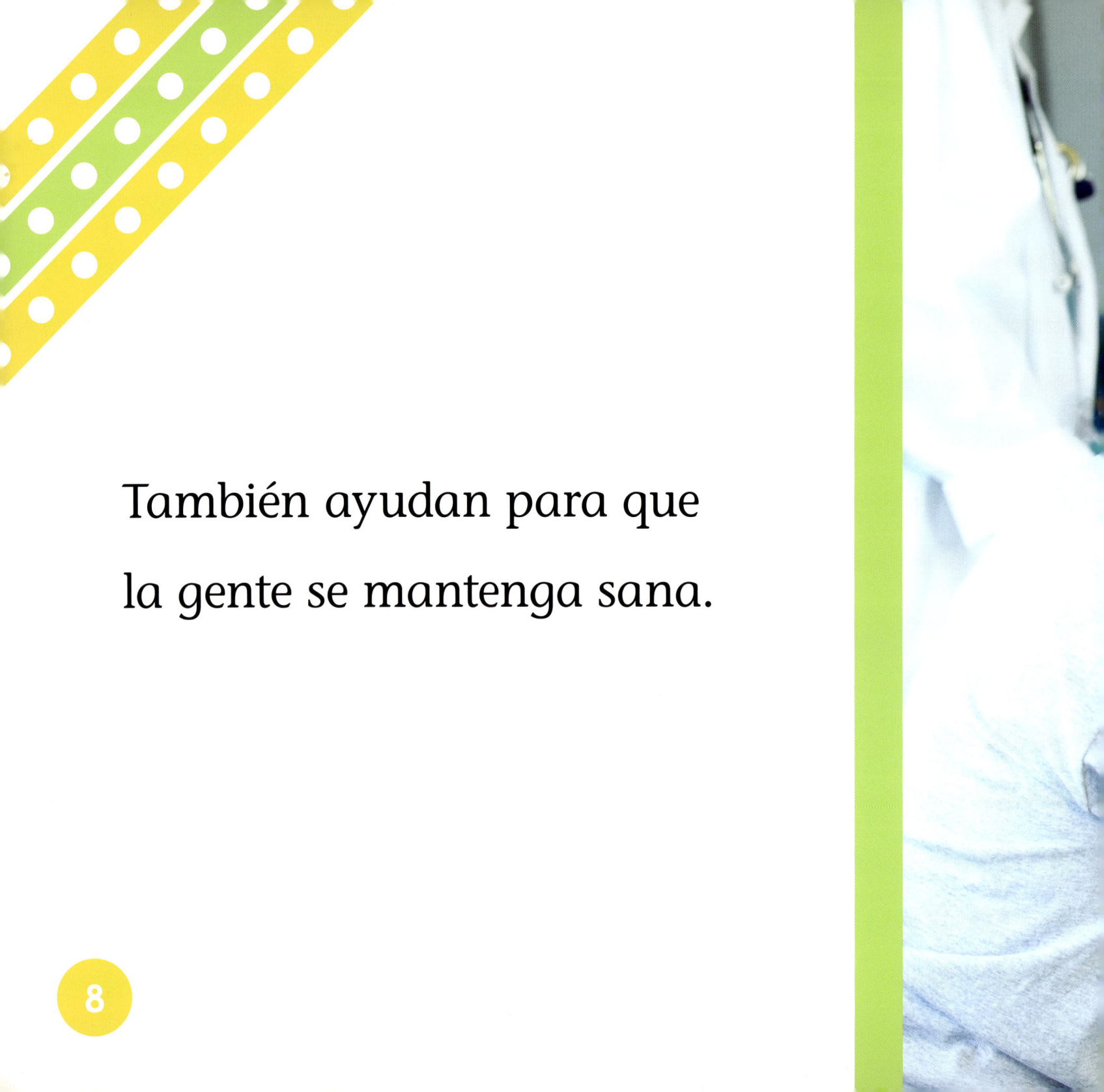

También ayudan para que la gente se mantenga sana.

9

Los enfermeros pueden trabajar en muchos lugares. Omar lo hace en un hospital.

11

Alice trabaja en una escuela.

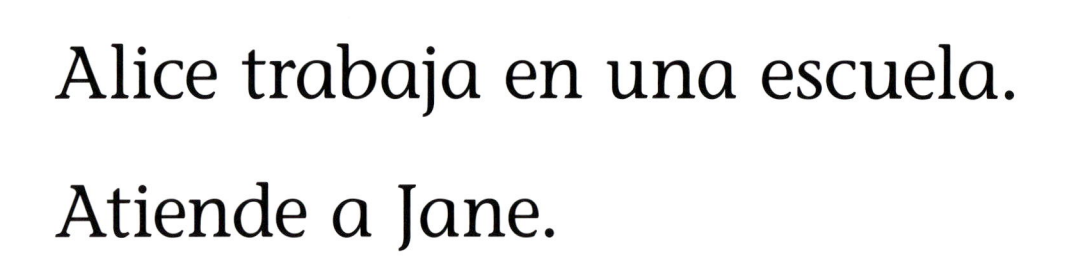

Atiende a Jane.

13

Joan trabaja en el consultorio médico. Le toma la **presión sanguínea** a Ali.

15

Pete es un enfermero a domicilio. Visita a Ava en su casa.

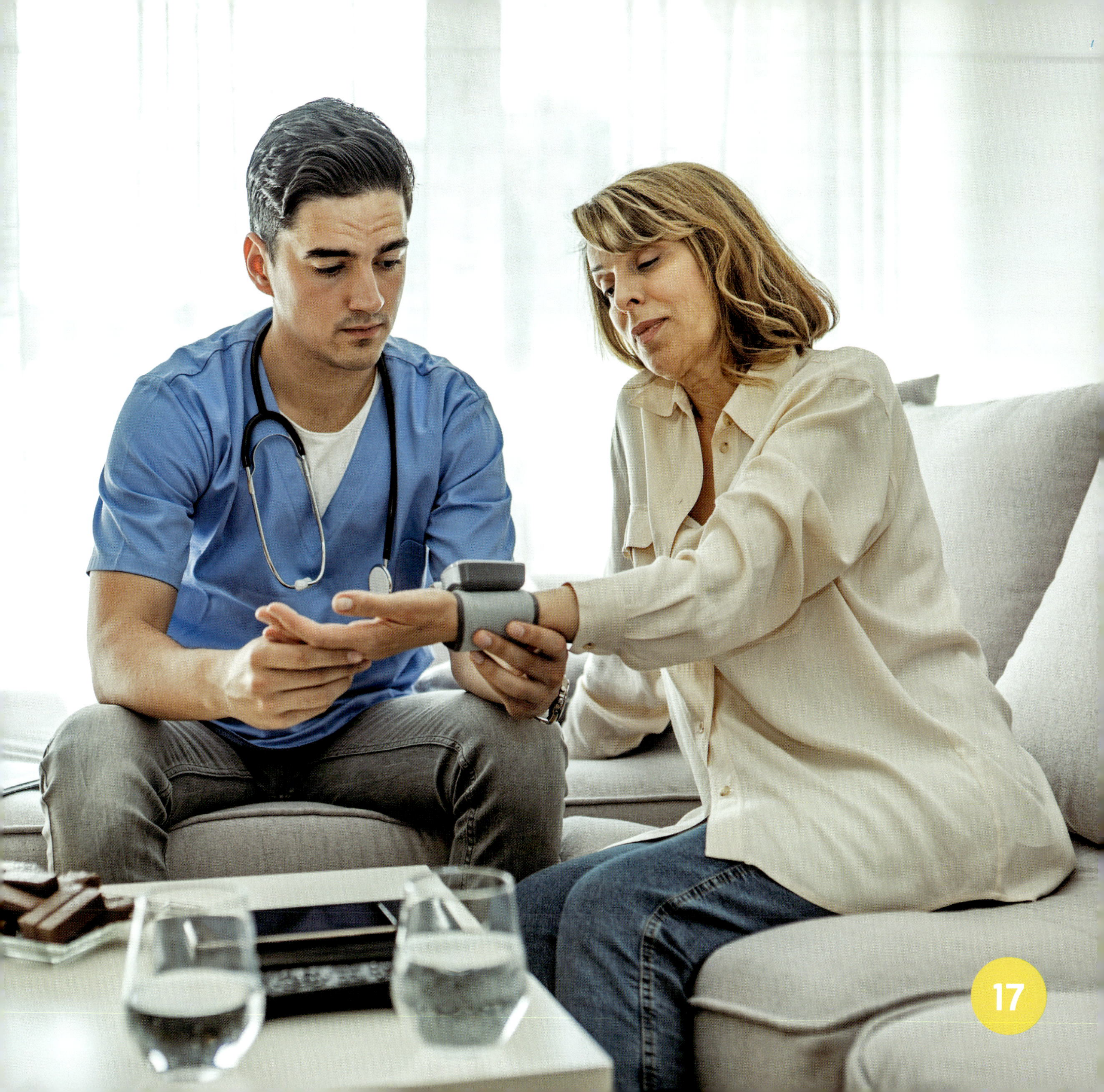

Tina trabaja en una residencia para adultos mayores. Ella cuida de ellos.

19

¿Conoces a algún enfermero?

21

Los instrumentos médicos del enfermero

las bendas

el estetoscopio

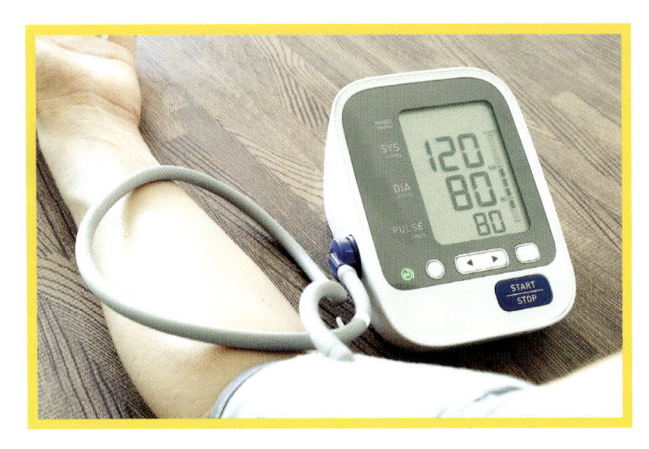

el medidor de la presión sanguínea

el termómetro

Glosario

herido
dañado o lastimado.

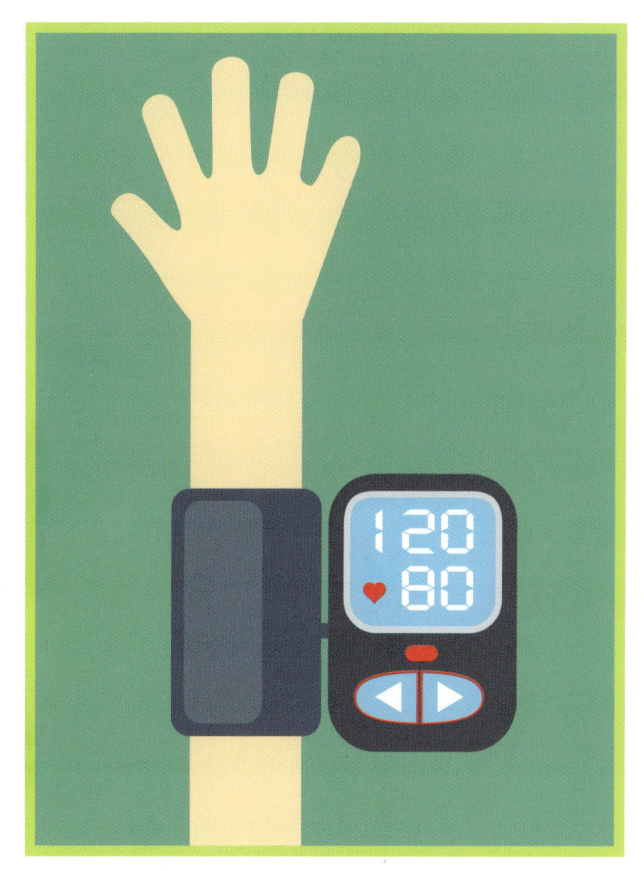

presión sanguínea
presión que la sangre hace contra la pared interna de los vasos sanguíneos. Se usa como medidor de la salud física de las personas.

Índice

consultorio médico 14

enfermero a domicilio 16

escuela 12

hospital 10

obligaciones 4, 6, 8

residencia para adultos mayores 18

Abdo Kids ONLINE FREE! ONLINE MULTIMEDIA RESOURCES

¡Visita nuestra página **abdokids.com** y usa este código para tener acceso a juegos, manualidades, videos y mucho más!

Los recursos de internet están en inglés.

Usa este código Abdo Kids

MNK5836

¡o escanea este código QR!